AF338376

LE SCRUTIN

D'ARRONDISSEMENT

ET

SA POLITIQUE

PAR X***

> Une loi électorale est une Constitution. Selon que cette loi est bonne ou mauvaise, les gouvernements dont elle est le ressort principal sont forts ou faibles.
>
> (ROYER-COLLARD.)

Prix : 75 centimes.

PARIS

E. DENTU, LIBRAIRE-ÉDITEUR

PALAIS-ROYAL, 15,, 17 19, GALERIE D'ORLÉANS

1884

LE SCRUTIN

D'ARRONDISSEMENT

ET

SA POLITIQUE

PAR X***

> Une loi électorale est une Constitution. Selon
> que cette loi est bonne ou mauvaise, les gou-
> vernements dont elle est le ressort principal
> sont forts ou faibles.
>
> (ROYER-COLLARD.)

PARIS

E. DENTU, LIBRAIRE-ÉDITEUR

PALAIS-ROYAL, 15, 17 19, GALERIE D'ORLÉANS

—

1884

LE SCRUTIN D'ARRONDISSEMENT

ET SA POLITIQUE

« Sans morale républicaine, a dit Bolivar, il ne peut y avoir de gouvernement libre. » Or, avec le scrutin d'arrondissement, il ne peut y avoir de moralité politique et d'administration républicaine dans notre démocratie française. Les tristes et décisifs résultats fournis par une expérience de plusieurs années ont singulièrement ajouté à la force des prévisions et à la logique des démonstrations que la plupart des hommes politiques et des écrivains avaient faites à cet égard. Sans doute, le scrutin de liste n'est pas un remède souverain capable de rendre les assemblées parfaites et les mœurs électorales irréprochables, — une telle affirmation serait une erreur capitale que nous laissons à ceux qui demandent tout aux lois et rien aux mœurs, — mais, du moins, il échappe à la plupart des inconvénients et des vices qui déshonorent le scrutin d'arrondissement et en font un instrument politique immoral, un système électoral funeste, et fécond seulement en résultats pernicieux.

Le scrutin d'arrondissement, qui est abandonné par tous aujourd'hui, à l'exception de ceux qui en vivent ou en profitent, n'est mauvais que relativement, car il a été certainement un progrès sur le suffrage censitaire. Le scrutin de liste n'est bon lui-même que comparé au scrutin d'arrondissement, sur lequel, sans être parfait, il possède une incontestable supériorité. Il a, de plus, outre ses avantages particuliers, celui de nous rapprocher de l'unité de collège, cette unité qu'Emile de Girardin n'a pu imposer à notre routine, à notre mauvaise éducation politique et à nos habitudes électorales faussées ; il marque une nouvelle étape vers cette vivifiante conception, qui n'existe encore qu'à l'état de théorie audacieuse, mais dans laquelle notre génération peut déjà pressentir une lointaine réalisation par la démocratie de l'avenir.

La France a eu le singulier et périlleux honneur de proclamer le suffrage universel et d'en faire la base principale de son organisation politique. Bon ou mauvais, ce droit populaire existe aujourd'hui ; il s'est fortifié par les attaques ; il est reconnu par tous, même par ceux qui semblent le nier en voulant le restreindre ; il s'impose aux monarchies européennes les plus rebelles, et qui déjà cherchent moins à empêcher son triomphe qu'à en retarder l'heure.

Le suffrage universel est l'œuvre sortie des entrailles mêmes d'une démocratie qui le défend et l'aime comme un fils destiné à affirmer sa puissance et à refléter fidèlement ses traits mobiles. Qu'on l'accepte ou qu'on le nie, qu'on l'acclame ou qu'on le bafoue, il existe, et il existe dans le brutal épanouissement du fait définitivement acquis.

La théorie de la souveraineté nationale—abstraite comme toutes les théories et les constitutions qui ne peuvent entrer dans la prévision et le détail des passions humaines — une fois placée à la source de nos institutions, s'est ramifiée à l'infini dans toutes les parties de notre vie nationale. Étant donné le suffrage universel, il fut tacitement admis que ce suffrage devait choisir les plus intelligents ou les meilleurs, destinés eux-mêmes à former le pouvoir directeur de l'Etat et à représenter la masse ou la majorité qui les avait délégués. Voilà la fiction, aussi discutable sans doute que le suffrage universel, mais en réalité tout aussi nécessaire et aussi indestructible que lui.

Le suffrage universel, s'il n'est point appliqué à tous les actes publics, comme le réclament ses logiciens à outrance, est devenu cependant le véritable pouvoir moderne, celui devant lequel la Chambre des députés, les conseils généraux et les conseils municipaux sont forcés de venir s'incliner tour à tour, pour lui demander le droit à l'existence et la consécration de leur force légale. Cette application de la souveraineté nationale à trois divisions territoriales correspondant elles-mêmes à des intérêts matériels et à des aspects politiques distincts : l'Etat, le département, la commune, est d'une remarquable et féconde simplicité. Ces pouvoirs ne peuvent fonctionner régulièrement, librement et avec avantages qu'à la condition de ne pas usurper les uns sur les autres, et de ne pas substituer le despotisme de l'Etat ou l'anarchie de communes émiettées à un pouvoir et à des attributions nettement déterminés et limités.

Or, s'il était démontré que le scrutin d'arrondissement tend de plus en plus à confondre tous ces éléments ; qu'il en fausse le fonctionnement à son seul profit, pour se servir, suivant les circonstances, tantôt de l'État contre la commune, tantôt de la commune contre l'État; si des faits nombreux et indiscutables établissaient que cette confusion tend de plus en plus à s'établir entre le pouvoir législatif, administratif et judiciaire, pour ne laisser subsister, au milieu de ce chaos, que l'intérêt individuel de 500 délégués de clocher n'ayant qu'un but : se maintenir en dédaignant les garanties légales et en balayant tout obstacle, cette démonstration ne serait-elle pas la plus décisive condamnation du scrutin d'arrondissement.

Cette condamnation, l'histoire l'enregistre à toutes les époques et sous des formes diverses, que ce soit un gouvernement républicain ou despotique qui dispose des destinées de la France. Cette condamnation du scrutin d'arrondissement, les hommes de 1848 la prononcent au lendemain de la naissance du suffrage universel, et les hommes du 4 septembre la répètent sans hésitation au moment où renaît la République. C'est, au contraire, au scrutin d'arrondissement que l'empire s'adresse pour assurer le triomphe de ses majorités serviles et pour faciliter la paisible exécution de toutes les turpitudes de la candidature officielle. Quel enseignement pour les républicains! Quand les coalisés, conduits par leurs chefs royalistes, méditent de loin et préparent le rétablissement de la monarchie, c'est le scrutin de liste qu'ils visent, et ils estiment qu'ils n'auront rien fait tant qu'il sera debout : l'abolition du scrutin de liste et le coup d'Etat étaient une même pensée et formaient les deux actes d'un complot dont ils étaient le prélude et la consécration. Les partisans de la monarchie ont échoué dans leur campagne contre la République, mais ils n'ont échoué qu'à moitié, car ils ont trop réussi dans leur tentative pour rétablir le scrutin d'arrondissement. Les efforts de la minorité républicaine, conduite par Thiers, Gambetta, Grévy, Brisson, Louis Blanc et Clémenceau furent vains ; les ennemis du suffrage universel triomphèrent, et leur triomphe, hélas ! se continue aujourd'hui. Ils ont eu la joie de léguer à la République « le scrutin qui est la sophistication du suffrage universel (1) » et de transmettre à la

____

(1) Gambetta.

démocratie un germe de décomposition; ils nous ont, dans leur dernière déroute, « décoché cette flèche du Parthe (1) » à laquelle sont fixées désormais les dernières espérances sérieuses des ennemis de la Révolution.

Ces espérances sont sérieuses, car elles sont justifiées.

Le scrutin d'arrondissement est par excellence le scrutin d'une agglomération factice de cantons sans personnalité civile, et qui deviendra plus factice, plus arbitraire et plus incompréhensible encore, le jour où la plupart des inutiles tribunaux d'arrondissement auront été supprimés. Il a donc toujours été par essence le scrutin favori et obligé de la candidature officielle, car il ne correspond à rien, il enferme l'électeur dans un cercle étroit où la sincérité du vote et son caractère politique sont condamnés à sombrer. Le scrutin d'arrondissement fait du suffrage universel l'apanage de quelques notoriétés locales; il assure, au préjudice de la représentation sincère et intelligente du pays, le triomphe d'un trop grand nombre de nullités ambitieuses et remuantes. Il laisse le champ libre à toutes les combinaisons de l'intrigue, à toutes les facilités de la corruption, à toutes les interventions personnelles. Par cela seul qu'il diminue le nombre des électeurs et restreint le terrain de la lutte, il ouvre carrière aux manœuvres les moins avouables. Au lieu de « tenir les populations en éveil, de » réunir les citoyens en masses imposantes, de leur faire battre le cœur » à l'unisson, de les animer de ce mouvement inséparable de la li- » berté (2), » de faire d'une pensée politique le but principal et avoué d'une élection, il devient un scrutin livré à tous les bruits, à tous les mensonges, à tous les rastels, à toutes les enchères, en un mot à toutes les manœuvres honteuses et avilissantes pour le candidat et l'électeur et déshonorantes pour le suffrage universel.

Que peut faire le citoyen républicain et patriote qui n'est mû et dirigé que par l'honnêteté de son vote et le désir d'assurer le triomphe d'un programme politique ou d'un intérêt d'ordre général? Placé tout à coup entre la multiplicité des rivalités locales et la pression souvent corruptrice des candidats, il n'a même pas la ressource de faire appel à l'intelligence des hommes étrangers à la localité, car on n'est pas candidat d'arrondissement sans une situation préalablement bien assise dans un important bourg pourri de la circonscription.

(1) Reinach. *Du Rétablissement du Scrutin de liste.*
(2) Louis Blanc. *Questions d'aujourd'hui et de demain.* Dentu.

Ce caractère politique et d'utilité générale qui est absent dans la plupart des élections d'arrondissement les vicie, dès leur source, et leur imprime une tache originelle désormais ineffaçable. L'élu sera l'élu d'un seul canton, d'une ville, d'un simple village, quelquefois d'une catégorie de citoyens. Il n'a dû son triomphe qu'à une usine, à un intérêt particulier, à une rivalité de vallées, et il sera, dès le début de son rôle, non le représentant du peuple, mais le commissionnaire amoindri et surveillé d'une majorité infime et d'autant plus tyrannique qu'elle se sait chancelante. Il va porter au Parlement la brutalité de sa consigne et l'entêtement de ses requêtes immorales. Il sait qu'il est maintenant le mandataire d'une bande de solliciteurs et d'intérêts égoïstes : il doit leur sacrifier son indépendance ou sa réélection, et le voilà forcé de devenir, si le pouvoir lui résiste, un agent de désorganisation et de crises ministérielles. Son vote ne sera plus que l'expression de cette préoccupation constante, et la France, la France qui a ses conseils municipaux pour défendre ses villes, ses conseils généraux pour représenter ses départements, n'aura point, en réalité, d'assemblée nationale et de représentants pour présider, avec une impartiale et patriotique sérénité, à la politique et aux intérêts du pays. Que l'on s'étonne ensuite que le scrutin d'arrondissement, par les moyens qu'il nécessite, par les pratiques qu'il perpétue, par la répugnance qu'il inspire aux citoyens honnêtes et laborieux, soit si rapidement devenu le scrutin des médiocrités, et qu'il ait abaissé dans des proportions si lamentables le niveau intellectuel de la représentation nationale !

Hommes politiques, hommes de talent qui aspirez à la députation répudiez cette chimère ! Ayez de la valeur si cela vous est possible, mais, avant tout, soyez d'abord conseiller général ou simplement maire, cela vaudra beaucoup mieux. Si votre existence ou le hasard de la lutte ne se prête pas à ces combinaisons, soyez médecin philanthrope sans clientèle payante, avocat bruyant, mais gratuit, au service de toutes les causes ou d'une seule, journaliste sans style, mais soutenu par quelques cafés influents ; soyez un riche usinier dont l'ouvrier attend le pain ; disposez d'un comice ou simplement d'un préfet, puis inscrivez sur votre drapeau assez de politique pour faire illusion aux naïfs, assez de promesses pour entraîner à votre suite la cohue des appétits, et soyez sans crainte.... Vous voilà député, vous entrez au Palais-Bourbon. Une fois installé, vous pourrez facilement vous maintenir dans votre nouveau fief, mais à la condition formelle d'oublier d'abord vos principes d'honnête démocrate pour ne plus retenir que ceci : c'est que le scrutin d'arrondissement est, avant tout, la mise en rapport, au profit du député et de ses créatures, des vices et des besoins de la petite confrérie votante.

En 1847, Lamartine défendant le suffrage universel, accusé d'être propice aux fraudes et à la corruption, s'écriait : « On n'empoisonne pas l'Océan ! » Hélas ! Lamartine avait tort, car il ne pouvait prévoir qu'il se rencontrerait une majorité de républicains assez aveugles et assez peu soucieux de la République et de ses destinées pour diviser cet océan populaire en une infinité de petits marais pestilentiels.

Le régime parlementaire, dans ces circonstances, va donc devenir d'autant plus impraticable pour les ministres et pour la Chambre elle-même, que les exigences du député augmenteront avec les appréhensions que sa réélection lui inspirera. Or, prenez la Chambre actuelle et parcourez les tableaux qui sont comme les actes de l'état civil de son origine. Vous constaterez que la moitié de l'Assemblée a été élue à des majorités qui varient de 9 suffrages à 500 au plus. Ces chiffres vous indiquent immédiatement la force électorale et le prestige de ces députés. Ils dépeignent surtout la situation d'esprit de malheureux qui savent que la moindre oscillation de 251 à 5 voix va les précipiter de leur siège et les rendre à la vie privée. Aussi ces représentants souverains ne considèrent plus la France ; ils regardent seulement le clocher où ils se sentent à la merci d'une coterie, de l'électeur tout puissant auquel il faut obéir, qu'il soit ignorant ou grognon, tyrannique ou taré. Il devient donc son commis ou son valet, ou plutôt c'est notre France, c'est la République même qui est remise à la merci de ce dernier spéculateur de l'urne, de ce despote anonyme de bourg pourri, transformé subitement, par l'erreur du législateur, en suprême incarnation de la souveraineté nationale (1).

Et c'est dans ces conditions que des gens sensés, et qui se croient logiques, veulent que l'Etat soit fort et la justice juste ; que l'administration soit impartiale et que l'exercice du pouvoir soit possible ; que les lois, enfin, soient toujours l'expression de l'intérêt supérieur de la patrie, et que la République ne soit pas l'hypocrite reproduction des mœurs des régimes qu'elle a détruits et qu'elle doit surtout faire oublier !

____

(1) Les hommes d'Etat français n'ont pas le courage moral des résistances patriotiques, ils l'avouent eux-mêmes. (COBDEN.)

Après avoir enlevé d'assaut sa position électorale, le député devra d'abord assurer ses lignes de communication et de retraite. Son premier soin sera donc d'établir lui-même, ou par ses amis, un petit journal au chef-lieu, journal qui sera la sentinelle vigilante destinée à surveiller sans relâche les environs et à fusiller sans pitié les adversaires. Ce journal sera peut-être mal pensé et mal écrit, mais cela importe peu : il est le point de ralliement de la coterie qui se serre autour de lui ; il est un porte-voix criard et un perpétuel moyen d'intimidation, et c'est là l'essentiel. Aussi, malheur à l'instituteur qui s'écartera du chemin tracé par l'élu triomphant ! Malheur au cantonnier, au facteur, à l'employé qui auront encouru le blâme ou les soupçons de ces inquisiteurs d'un nouveau genre ! C'est au journal qu'ils seront dénoncés par une attaque directe ou une perfide allusion les signalant aux vengeances du député et à l'hostilité de leur chef. Toutes les inimitiés possèdent désormais un moyen de s'affirmer, et elles s'affirmeront, car les rancunes les plus tenaces ne sont le plus souvent inspirées que par le désir de remplacer les victimes dans le petit poste ou dans la localité qu'elles occupent.

Alors, ainsi traqué dans ses partisans, le rival battu va fonder à son tour un autre organe, organe destiné à devenir une seconde officine politique et comme la succursale attitrée des plaintes et des attaques du parti concurrent. Quant à la politique, il est évident qu'elle n'est plus que l'accessoire dans ce combat de cancans envenimés, dans ce concours de violences dont un siège de député reste l'enjeu.

La question d'existence vient aggraver encore l'âpreté de ces polémiques hargneuses. Ces journaux, qui ont un cercle restreint de lecteurs, végètent généralement, et les annonces, qu'ils s'arrachent, prolongent seules leur existence. Ces annonces leur sont fournies par les particuliers et surtout par l'administration, les officiers ministériels et les municipalités. Aussi la question d'annonces devient la question palpitante et le but des efforts. Chacun, pour aboutir, met en jeu toutes les influences et toutes les forces administratives et compromet tous les pouvoirs forcés à leur tour de prendre parti dans la lutte, s'ils veulent ne pas être brisés ou s'ils désirent vivre tranquilles.

Dans ces étroites cités de province, la bataille devient d'autant plus ardente que le terrain du combat est plus resserré ; que tous les adversaires s'y coudoient, et que leurs défauts, leurs côtés vulnérables ou ridicules sont mieux connus de tous. Aussi les diplomaties les plus subtiles entrent en jeu, et toutes ces intelligences qui ne sont point,

comme à Paris, distraites par des questions changeantes ou d'ordre
général, vont s'acharner, pendant des mois et des années, autour d'une
intrigue et d'une vengeance dont la politique ou l'intérêt prétendu du
député ne sont, le plus souvent, que le masque et l'odieux prétexte.

Ce n'est rien, diront les indifférents ; ce sont deux partis qui se
disputent et deux journalistes qui se mordent ! C'est autre chose,
malheureusement ! C'est la division à l'état aigu et permanent dans
toutes les circonscriptions de France ; c'est la lutte des personnes et des
intérêts particuliers, et par conséquent la lutte stérile pour notre démocratie ; c'est la presse, dont le rôle pouvait être si fécond, réduite au
rôle de machine de guerre intestine et d'arme empoisonnée. Le journal
cherchera-t-il maintenant la popularité dans la fidélité et l'abondance
des renseignements, dans le sérieux de la discussion et dans le mérite
de ses écrivains ? Le voulût-il, ses faibles ressources et le but qu'il poursuit s'y opposeraient à la fois. Il n'est plus un journal dans le sens large
et civilisateur du mot : il n'est plus qu'un pamphlet et un dangereux
pamphlet.

Les Anglais ont nommé la presse « un quatrième État (1) » et ils ont
eu bien raison. Dites, en effet, quelle est la presse d'un pays et nous
dirons quelles sont les mœurs politiques qui en découlent, les institutions qui y correspondent. En Angleterre, non-seulement tout le monde
lit, mais tout le monde prend part à la rédaction par des articles ; si
bien que l'on peut dire que tout le monde fait le travail que chacun lit.
Cette collaboration assidue du public à la rédaction décuple la force de
la presse, qui se nomme légion et qui devient invincible. Notre journal, si personnel et si partial, est-il une tribune ? l'hospitalité y est-elle
ouverte à toute communication sérieuse ? Cette participation sacrée de
tous les citoyens au même labeur n'y est-elle pas, au contraire, consi-
dérée comme un contre-sens et comme la négation même du résultat
particulier que poursuivent les fondateurs ? Aussi, quel journal peut
supporter, chez nous, la comparaison avec ces journaux anglais ou
américains de plusieurs pages, d'une impression et d'un papier magni-
fiques, entretenant des légions de correspondants dans toutes les parties du monde ? Quel est le journal qui pourrait consacrer des millions
à la transmission de ses télégrammes, et d'autres millions à l'envoi
d'une expédition au pôle nord ou dans le centre de l'Afrique ? Déjà les
divers organes de la presse parisienne étaient la propriété ou le porte-

(1) Théodore Karcher. *Les Institutions sociales et politiques de l'Angleterre.*

voix d'un seul homme politique : Gambetta, E. de Girardin, avaient leur journal, comme MM. Clémenceau, Grévy, Wilson, Granet, Ribot, Lavergne, Ranc, Léon Say, Cassagnac, Lockroy, Freycinet, Laisant, Maret et tant d'autres ont eu ou ont le leur. Le mal était localisé à la capitale; avec le scrutin d'arrondissement, il est devenu universel. Le député le plus inconnu a maintenant sa feuille ; chaque cabale a ses journaux ; mais le public a peu ou point de nouvelles et cherche en vain l'interprète d'une politique élevée, impartiale et nationale. Nous avons des multitudes d'organes dont des centaines d'hommes politiques se constituent les souffleurs attitrés, mais qu'en résulte-t-il? c'est que la division des journaux confine aujourd'hui à l'émiettement, et que la puissance de la presse pour le bien est presque nulle. En revanche, elle a un pouvoir trop réel dans les polémiques et pour la désorganisation des forces vives du pays.

Cet éparpillement stérile de la presse est une conséquence immédiate et directe du scrutin d'arrondissement. Quel exemple de grands effets sortant de petites causes ! Voilà notre pays battu comme informations et rayonnement moral et distancé par l'étranger ; voilà nos commerçants débordés par leurs rivaux mieux informés; voilà le public exactement tenu au courant de la démarche de M. X... chez le ministre, mais obligé de chercher dans les journaux anglais les nouvelles concernant la situation commerciale, le transit maritime ou les incidents de la politique extérieure.

Chaque député a son organe, comme il avait déjà sa circonscription, ses fonctionnaires, ses maires privilégiés, ses mouchards. Voyons-le poursuivre ce travail d'envahissement systématique et d'accaparement qui est la plus amère négation de ces conquêtes démocratiques que nous affirmons chaque jour avec une si naïve ignorance.

Après l'aventure du 16 mai, les 363, victorieux, ne pouvaient oublier les procédés dirigés contre leur réélection ; ils en conservèrent un violent ressentiment et n'eurent désormais qu'un but : se venger et se protéger, en retournant contre leurs ennemis terrassés toutes les forces administratives dont on s'était servi contre eux. Cette tâche leur fut facile, car, au lendemain de leur triomphe, ils se substituèrent à l'action des ministres dans toutes les nominations et les mouvements, alors si fréquents, du personnel administratif. Ces représailles étaient inévitables. Malheureusement ces mœurs électorales, si concevables après une bataille qui avait mis la République en péril, allaient survivre aux hostilités et se perpétuer au sein de la démocratie rendue au

calme. On le vit rapidement au choix des préfets, sous-préfets, secré·
taires généraux et conseillers de préfecture ; tous, en réalité, devaient
leur investiture à la protection d'un député. La subordination hiérar-
chique de fonctionnaires que l'intérêt, la reconnaissance, rattachaient à
d'autres liens, devenait illusoire. Un député avait présidé à leur nomination : ils allaient donc rester aux ordres de l'influence législative qui
disposait de leur existence et de leur avancement. Aussi, lorsque ces
agents d'exécution et d'informations ne se retournaient pas contre
le ministre, ils devenaient entre ses mains d'inutiles instruments. Toute
impulsion gouvernementale était donc impossible ou faussée dès le
principe.

Ce résultat n'était-il pas inévitable avec un préfet transformé en
mannequin, préfet dont le rôle consistait simplement à subir les res-
ponsabilités d'un pouvoir que les élus de clocher exerçaient en réalité
à l'abri de son nom.

Ou les mots n'ont plus de sens ou c'était là le rétablissement pur et
simple de la candidature officielle. Et quelle candidature officielle ! Une
candidature plus dissolvante peut-être que celle de l'Empire. L'Empire,
du moins, la pratiquait ouvertement et au profit de ses idées, par l'in-
termédiaire d'agents soumis et disciplinés. La méthode était exécrable,
mais elle était logique et avait l'apparence d'un système. Maintenant,
au contraire, c'est le despotisme de 559 souverains plus ou moins
absolus qui se retourne et s'exerce à la fois contre les citoyens, contre
les ministres, contre l'Etat ; c'est, pour nous servir de l'énergique
pensée d'un journal (1), « la fédération mal définie de 559 petits gouvernements personnels, » gouvernements sans idées d'ensemble et sans
liens, variant leurs méthodes suivant les intérêts et les localités, abou-
tissant à un seul résultat commun que nous résumerons ainsi :
« D'administration, il n'y en a plus ! » Il n'y en a plus, en effet. Il n'y a
qu'un préfet en sous-ordre d'un député bâtissant, consolidant l'édifice
de sa fortune sur les ruines et avec les débris des autres pouvoirs.

Maître du préfet et du sous-préfet, le député est comme une araignée
au centre de sa toile : il surveille ce qui se passe et il profite des
moindres mouvements de toutes les mouches électorales qui se heurtent
aux mailles serrées dont il tient désormais tous les fils. Par le préfet, il
dispose d'abord de l'instituteur, cette force mal définie et cependant
considérable. Cela est indispensable, car l'instituteur touche à la fois

(1) *La Lanterne.*

au conseil municipal par l'office de secrétaire, aux familles par les enfants, au député par la mairie, et trop souvent encore au curé par les mères et les nécessités d'un tripotage électoral équivoque.

C'est en vain que le malheureux voudra se dégager, qu'il invoquera naïvement les circulaires : il est pris entre les deux pinces d'une tenaille préfectorale et académique dont la main du député lui fera sentir la démonstrative pression à la moindre résistance. Il se retournera peut-être vers les délégués cantonaux : Ironie ! c'est le préfet qui les a désignés, sur l'avis du sous-préfet, qui a religieusement copié lui-même les noms sur la lettre du prince du fief d'arrondissement, nous allions dire du prince du sang. Pauvre instituteur ! Ah ! quelles phrases bien senties, quels discours émus nous avons entendus à la Chambre sur son rôle, sur sa dignité, sur sa puissance ! Merveilleuse puissance, en effet, comparable à celle de ces dieux que les sauvages adorent, mais qu'ils écrasent ou précipitent au fleuve dès qu'ls refusent d'obéir aux prières de leurs impérieux adorateurs.

Nous en appelons ici à l'expérience de tous ceux qui ont pratiqué l'administration, vécu de la vie du village et vu de près les ravages causés par l'intérêt dynastique d'un député. Est-ce le mérite d'un instituteur qui détermine sa mutation ou son avancement ? Sans doute, l'instituteur a son travail, le résultat visible de son labeur constaté par les progrès de ses élèves ; mais que pèsera tout cela s'il est, suivant les circonstances, considéré tantôt comme trop radical ou comme trop centre gauche ? A quoi lui serviront ses notes, s'il paraît inutile ou compromettant sur l'échiquier électoral ? N'en est-il point qui ont été assez infortunés pour être l'objet de mesures contradictoires : qui ont été frappés une première fois, sous l'*ordre moral*, comme républicains dangereux, et frappés ensuite, sous la République, comme réactionnaires endurcis ? Aussi, combien en existe-t-il pourvus de ces palmes académiques réservées et abondamment distribuées à des juges de paix habiles, à des délégués ignorants, à des conseillers municipaux influents et à d'aimables conseillers de préfecture désireux de fleurir leur uniforme ? Ne pourrait-on pas citer certains cantons où les mentions et médailles d'honneur accordées aux maîtres d'école sont aussi rares quelles sont abondantes dans les cantons voisins ? Les instituteurs sont-ils cause de cette anomalie ? Nullement. Mais le conseiller général ou d'arrondissement est hostile au député ou à ses amis ; aussi la pluie des faveurs tarit subitement sur le corps des instituteurs, comme sur tout le canton suspecté de schisme électoral et soumis l'un et l'autre, dans l'intérêt de la santé politique du député, à cette quarantaine d'un nouveau genre.

Le maire sera peut-être plus difficile à intimider et à séduire que l'instituteur, surtout si sa fortune, ses opinions et son intelligence opposent à l'influence assiégeante de laborieux obstacles. Cependant un député habile ne saurait se décourager et, s'il ne peut entraîner tous les maires, il imposera du moins la neutralité à ceux qu'il ne peut ranger sous son drapeau. Si le maire est indépendant comme particulier, comme premier magistrat de la commune, son prestige est étroitement lié à la réussite de ses projets municipaux et à sa popularité parmi ses administrés. C'est sur ce terrain que le député l'attendra.

Nous avons tous bien raillé, il y a une vingtaine d'années, le maire bonapartiste qui avait prononcé cette significative parole : « Gardez-vous de confondre les poules des amis du gouvernement avec les poules de ses ennemis ! » Le député, sous le scrutin d'arrondissement que la République a dérobé à l'Empire, ne fait lui-même que se conformer à cette maxime, à laquelle il donnera même les développements les plus inattendus, car il traitera les fonctionnaires et les amis du maire hostile à peu près comme son précurseur traitait les animaux.

Ne pouvant atteindre le maire en face, il l'atteindra par ses amis, dans un furieux ricochet ; et ce sont les instituteurs, les cantonniers, les facteurs, les contribuables, les indigents, les vieillards, les débitants, les filles-mères, les enfants assistés, les solliciteurs de bourses, les soutiens de famille, les chemins, les écoles, les fabriques et les églises qui pâtiront pour le maire. Ce magistrat verra chaque jour la puissance s'écouler entre ses doigts, et, de ses nombreux privilèges, quel demeurera le plus saillant aux yeux de ses électeurs ? celui de recevoir par procuration, comme ces fils d'anciens rois, le fouet dans la personne de ses amis et de ses subordonnés.

Sous Louis-Philippe, le but du député était d'acheter les voix de quelques électeurs censitaires ; la tâche actuelle est plus difficile, mais n'est guère différente : il suffit simplemen d'acheter une commune. Comme le député est presque toujours conseiller général, ces deux fonctions se superposent et se prêtent un merveilleux et réciproque concours. Ce funeste cumul, si vivement défendu par ceux qui en bénéficient, ajoute une dent de plus à l'engrenage destiné à entraîner et à broyer tous les éléments hostiles.

Comment les plaintes contre l'État et l'administration ne deviendraient-elles pas chaque jour plus ardentes et plus nombreuses? L'État et ses agents ne sont plus qu'une matière exploitable et haïssable, et d'autant plus attaqués qu'ils endossent l'impopularité de tous les refus, de toutes les résistances, pendant que le député-providence encaisse le bénéfice de toutes les grâces et de toutes les solutions heureuses.

Et jusqu'où ne va pas aujourd'hui l'ingérence des députés stimulés par les électeurs et aiguillonnés par la frayeur du petit scrutin?

Il faut avoir pénétré dans le détail et les confidences de la vie parlementaire pour avoir une idée du travail auquel nos mandataires sont soumis. Ils en souffrent et l'avouent, mais la nécessité les entraîne. Aussi la plupart ont des secrétaires, quelques-uns même des formules de réponses imprimées d'avauce.

Ce qu'il y a de plus triste, c'est que les quelques députés actifs, ceux qui soutiennent encore le vieux renom de la tribune française, les quarante ou cinquante représentants travailleurs qui consacrent leur temps et leurs soins à la besogne aride et féconde, mais peu retentissante, des commissions, sont, par contre-coup, ceux qui peuvent le moins s'occuper de leurs municipalités et de leurs électeurs. Aussi leur situation est-elle souvent moins solide et plus discutée, leur réélection plus difficile que celle des députés qui ne vont jamais à la Chambre, votent par procuration, font les commissions de leurs électeurs et passent leurs journées à courir tous les bureaux. Beaucoup de ces députés laborieux — plusieurs nous ont conté le fait, — uniquement préoccupés de leur mandat et de la rédaction de leurs rapports, avaient négligé de s'occuper des subventions pour leurs mobiliers scolaires vermoulus et leurs maisons d'école, qui étaient d'horribles taudis. Quand ils y songèrent, la distribution était faite et la caisse était vide; mais l'arrondissement voisin, pourvu d'un mandataire à peu près inconnu à la Chambre, mais redouté par tous les huissiers d'antichambre, était couvert de constructions splendides, abondamment fournies de mobiliers du dernier modèle.

Les administrations compétentes ayant perdu toute influence et par conséquent toute initiative et toute habitude d'agir, cette disproportion et cette injustice se retrouvent en bien des choses et dans de trop nombreux arrondissements. De semblables procédés constituent un encouragement direct et une prime à la paresse parlementaire, en même temps qu'un désaveu et une cause d'infériorité pour ceux qui prennent leur rôle au sérieux et agissent honnêtement en conséquence.

Aussi justement que Louis XIV, un député remuant et habile peut donc dire aujourd'hui : « L'Etat, c'est moi ! » L'Etat, en effet, c'est le député, qu'il s'agisse de la nomination, de l'avancement ou du déplacement d'un receveur des postes, d'un facteur, d'un cantonnier, d'un garde forestier, d'un éclusier, d'un vérificateur des poids et mesures, d'un buraliste, d'un juge de paix, d'un gendarme ou d'un substitut, d'un procureur ou d'un rat-de-cave. L'habitude est devenue si constante et l'abus si flagrant que les questions d'aptitude et de moralité sont devenues secondaires ; aussi la plupart des dossiers ne sont-ils même plus ouverts. La protection personnelle du député remplace désormais ces anciennes garanties : les demandes aboutissent dès qu'elles se produisent à l'abri de cette apostille persistante, sorte de passe-port frauduleux destiné à forcer toutes les barrières.

Que peuvent devenir, dans ces circonstances, le bon ordre du service et l'émulation des fonctionnaires ? Comment maintenir l'émulation, la capacité, la subordination des agents et l'action de l'Etat ? Comment ne pas aboutir au plus médiocre personnel gouvernemental dont un gouvernement puisse être affligé ? Comment, enfin, feront les députés pour donner le pain quotidien à une démocratie de solliciteurs impatients de posséder de plus en plus la République sous la forme palpable de satisfactions, de faveurs et de bénéfices ? Il faudra donc marcher sans trêve et sans repos, défaire le lendemain les nominations faites la veille ; ajouter aux difficultés intimes de tout gouvernement qui débute et cherche à se consolider les difficultés, les rancunes, les soubresauts inhérents à un ébranlement de choses continu. MM. les ministres des postes et des finances pourraient seuls révéler la relation qui existe entre certains vols de percepteurs et d'employés des postes, et les nominations qu'ils ont subies, contraints « le vote sur la gorge ». Mais c'est ici, surtout, qu'il faut savoir se taire et appliquer à la politique d'arrondissement le mot de Fiévée : « La politique, c'est ce qui ne se dit pas. »

Au milieu de cette lutte d'ambitions et d'appétits, le côté chevaleresque et honnête qui distingua toujours notre démocratie dans l'histoire est menacé de sombrer définitivement au milieu de l'intolérance réciproque des coteries, coteries qui n'ont plus de souffle que pour dénoncer et d'énergie que pour réclamer des procédés sommaires d'exécution. Ce n'est plus l'agitation féconde des programmes et des grands partis rivaux, c'est la mêlée des déclamateurs et des mendiants qui tous demandent l'excommunication ou l'expulsion de quelque chose et de quelqu'un.

Croit-on que le député ainsi acculé, ainsi débordé, se rendra à

l'évidence? Ce serait bien mal connaître l'ambition humaine et l'inépuisable fécondité des politiciens de clocher. Les postes manquent?
Eh bien, on augmentera ceux qui existent et l'on fera surgir des fonctions nouvelles. Nous avions 300.000 fonctionnaires au commence-
ment du siècle ; nous en avons 600.000 aujourd'hui. Les appointements seront élevés à leur tour et l'État établira, pour être de plus en
plus mal servi, un budget de dépenses de plus en plus désordonnées.

N'a-t-on pas vu, récemment, le cabinet sur le point d'être mis en
échec pour son énergie à défendre une caisse en déficit contre la vora-
cité de députés en quête de subsides pour les instituteurs alléchés par
les promesses électorales. Quelle maison de commerce ou de banque
pourrait subir impunément de tels procédés et affronter sans périr de
tels assauts et de pareilles augmentations de personnel?

Ainsi le ministère du commerce — ministère qui n'existe pas en
Angleterre, où il est remplacé par un simple bureau — a coûté d'abord
6 millions en 1875, puis a bondi en 1883, jusqu'au chiffre de 25 millions. C'est ainsi que le ministre de l'agriculture a vu son budget gros-
sir de 15 millions depuis cinq années. On se moque des républiques
de l'Amérique du Sud qui ont autant de généraux que de soldats, mais
n'avons-nous pas dans certains ministères autant de chefs que d'employés.

Ainsi, à l'agriculture, on compte trois directeurs, quatre chefs de
division, vingt-cinq chefs ou sous-chefs de bureau pour commander à
un personnel de cinquante employés. Et nous pourrions étendre ces
chiffres à bien des ministères et à la plupart des services. Selon l'énergique expression d'un journaliste (1) : « La France menace de plus en
» plus de devenir une nation de fonctionnaires, où la moitié de la
» nation travaillera pour nourrir l'autre moitié. Pareil spectacle ne
» s'est vu nulle part depuis les derniers temps de l'empire romain, qui
» tomba parce qu'un jour l'agriculture et le commerce du monde se
» trouvèrent impuissants à faire vivre la bureaucratie impériale. »

Quelle part et quelle responsabilité le scrutin d'arrondissement n'a-t-
il pas eues chez nous dans le développement d'un état de choses sem-
blable.

Le système électoral d'arrondissement, qui avait débuté au village par la corruption, finit donc au Parlement dans une intrigue
où les mandataires de la nation, dominés par la logique violente d'une

______

(1) Cucheval-Clarigny. (*Revue des deux Mondes.*)

situation fausse, sont entraînés à se jouer des millions des contribuables. Les calculs égoïstes se substituent à l'intérêt supérieur de la République ; les choses les plus sacrées sont transformées en monnaie d'élection, c'est-à-dire en fausse monnaie destinée à extorquer les suffrages, au risque de provoquer la banqueroute des intérêts généraux de la patrie.

La Chambre, dira-t-on, se modère ; elle modifie ses procédés ; l'expérience l'a rendue sage. Certes, depuis une année, la rude leçon des événements, jointe à l'impossibilité de donner carrière à de nouvelles requêtes, lui a imposé des sacrifices et une sagesse relative que nous ne voulons pas méconnaître, que nous sommes même heureux de constater, mais n'est-ce pas là un cas de force majeure ?

De nouvelles élections sont prochaines ; si elles ont encore lieu au scrutin d'arrondissement, les mêmes effets produiront les mêmes causes ; une nouvelle curée, présidée par de nouveaux triomphateurs, succédera à celle qui se termine à peine ; des procédés semblables aboutiront inévitablement à une confusion identique et au même énervement du pays ; la démocratie sera définitivement sans gouvernail, et peut-être le mal sera-t-il alors sans remède.

M. Dufaure, un des rares défenseurs convaincus du scrutin d'arrondissement, s'est écrié un jour à la tribune : « Avec le scrutin de liste, les rapports de l'élu et de l'électeur sont brisés ! » Loin de chercher à atténuer, comme on l'a fait, l'exactitude et la force de cette affirmation, il fallait au contraire en prendre acte et se réjouir ouvertement d'une rupture qui ressuscitait l'indépendance, la dignité et la responsabilité du représentant de la nation. Les rapports de domesticité étaient bien brisés, en effet, car fort heureusement le personnel électoral de tout un département ne s'achète et ne se manie pas comme celui d'un simple canton ; mais les rapports politiques restaient absolument intacts et conservaient même un caractère élevé, sérieux, qui lui fait presque toujours défaut dans le scrutin d'arrondissement. N'est-ce point là l'essentiel ?

Hélas ! oui, avec le scrutin d'arrondissement, les rapports de l'élécteur et de l'élu ne sont pas brisés. Il suffit de parcourir les organes spéciaux pour retrouver l'écho des mêmes plaintes et les traces de cette situation, « espèce de compte en participation et association immorale dans toute la force du mot (1). »

(1) Lettre de Faucher à Odilon Barrot.

Prenons par exemple les engagés conditionnels. Que voyons-nous? Les certificats de capacité ayant été refusés dans certains régiments, les engagés incapables ont dû rester au corps pour compléter leur instruction militaire, reconnue insuffisante par la commission d'examen. Immédiatement on a fait jouer des influences puissantes, c'est-à-dire des influences de députés, et alors sous la pression électorale de ces personnes qui, les premières, devraient s'incliner devant les décisions d'une commission composée d'officiers supérieurs et d'officiers subalternes et présidée par un général, les décisions ont été considérées comme non avenues et les volontaires indisciplinés ou ignorants sont partis comme les autres, glissant dans leurs poches, avec une moquerie joyeuse, le même certificat d'assiduité et de compétence que leurs camarades.

Ces faits ont été signalés. L'*Armée française*, journal militaire important, les a confirmés; a-t-on pu ou osé les démentir?...

Mais les volontaires ne forment qu'une minime fraction parmi les militaires, et cette tutelle illégale s'est étendue progressivement aux soldats de l'armée entière. Les permissions d'un mois que l'on accorde à l'époque des moissons, les congés d'hiver cependant si libéralement distribués, les sursis d'appel abusifs pendant les grandes manœuvres, toutes ces faveurs prennent un accroissement d'autant plus extravagant qu'elles ne sont pas distribuées aux plus dignes d'intérêt, mais deviennent entre les mains du député une nouvelle machine électorale ajoutée à toutes les autres. N'a t-on pas vu, dans quelques vérifications de pouvoirs, plusieurs députés se vanter, dans les couloirs, d'avoir enlevé un canton et, par suite, l'élection, grâce aux congés accordés au moment décisif à cent ou deux cents jeunes gens de la circonscription?

Ainsi, pendant que les députés affichent publiquement dans leurs programmes et poursuivent dans leurs votes la réalisation populaire d'une égalité absolue dans le service militaire, leur principale occupation consiste, en réalité, à violer en secret cette même égalité, à rétablir en détail le régime du privilège et à introduire un arbitraire pernicieux et permanent jusque dans les rangs de l'armée. Ils interviennent dans les questions de soutiens de famille, dans les congés, dans les permissions, dans les levées de punitions et dans les avancements. Poursuivant, sans hésitation, leur besogne antipatriotique à la face même du pays, ils défilent à la tribune pour imposer aux ministres de la guerre le maintien ou la création d'ateliers de fabrication et d'équipement, d'établissements militaires et maritimes. Ils protestent sans vergogne contre les considérations stratégiques, c'est-à-dire contre les considérations uniquement inspirées par la sécurité et le salut de la France. La tribune n'est plus que la plate-forme où viennent se manifester ces intérêts locaux et ces appétits particuliers. On ne se croirait pas dans une Assemblée de la nation, mais dans un vaste conseil municipal où chacun vient défendre son quartier.

Et l'on s'étonnera que notre ministre de la guerre soit le quatorzième ministre de la guerre, et que la plupart de nos généraux préfèrent l'honneur de commander douze régiments à celui de faire de la stratégie électorale à la Chambre et dans les bureaux de la rue Saint-Dominique !

L'intérêt du député a donc tout fait fléchir ; il a brisé toutes les résistances pour assurer le triomphe de sa cause et celle du clocher ; il n'a même pas reculé devant les dangers d'un système qui constitue un crime de lèse-patrie.

La magistrature résistera-t-elle plus victorieusement que l'armée aux assauts simultanés que lui livreront les passions politiques et les intérêts particuliers coalisés ? La justice, cette suprème garantie des démocraties et cet arbitre indispensable de ses passions mobiles, échappera-t-elle mieux que l'administration à l'intervention dont le député d'arrondissement sera sommé, sous peine de mort électorale, d'être l'instrument occulte. Assurément nous ne voudrions rien dire qui portât atteinte à la dignité d'un corps dont la considératton même est une nécessité d'ordre social ; mais pourrions-nous, sans aveuglement, ne pas constater que le siège de la magistrature est commencé, que les travaux d'investissement se poursuivent, et se poursuivent avec un réel succès de la part des assaillants ?

Le député d'arrondissement n'a pas commis la maladresse de dicter de suite et brutalement ses ordres ; il y a mis plus de précaution et de pudeur ; mais, successivement, peut-être même sans trop songer à mal et sans prévoir les conséquences de ses actes, il a fait tomber toutes les barrières qui s'opposaient à l'envahissement de son propre pouvoir. Un ministre de la justice avait organisé toute une série de précautions pour fournir aux parquets des jurisconsultes émérites, des esprits solides, en un mot des intelligences d'élite ; il avait soumis les attachés de parquet à un stage et à des examens qui permettaient un choix et constituaient une garantie ; cette garantie a été supprimée comme gênante pour les députés, dont elle contrariait les choix, et désormais les postulants, plus ambitieux et plus pressés que méritants, entrent en foule par la porte que la faveur électorale leur ouvre à deux battants.

N'en a-t-il pas été de même pour le comité spécial établi par la chancellerie, avec le concours de magistrats éminents et de membres de l'Institut. Ce comité examinait chaque année les travaux juridiques des membres des tribunaux et émettait son avis sur ces monuments spéciaux du travail et du droit. Il signalait les plus sérieux à l'attention du ministre; le tableau des recommandations qu'il établissait constituait une entrave aux choix électoraux des grands maîtres d'arrondissement. Faut-il s'étonner que ses préférences n'aient abouti, dans la pratique, à aucun résultat? Il a donc mieux fait de se dissoudre et de mourir.

Chez le peuple du monde le plus amoureux de places, on a tout fait pour pousser cette passion jusqu'à la frénésie. La magistrature n'a pax échappé à l'épidémie. Grâce à elle, les parquets et les justices de pais ont été soumis à de vastes bouleversements, et plus de trois mille nominations de juges de paix, de procureurs et de substituts ont été faites, défaites, refaites, depuis 1880. La dernière loi sur la magistrature, au lieu d'être une loi de fond, une loi de réforme et de refonte du système, une loi de suppression des tribunaux d'arrondissement inutiles, une loi fondamentale comme celle que rêvaient jadis nos amis dans l'opposition, n'a été, finalement, qu'une loi de surface et de détail, une loi d'appointements, une loi de personnel jeté en pâture aux avidités d'arrondissements : elle a été marquée au cachet étroit, défectueux et infécond que le petit scrutin imprime à tout ce qu'il touche et qu'il a fait sien.

Il est temps de s'arrêter dans cette voie funeste, ou sinon, comme l'a trop bien dit un auteur qui signalait récemment le danger (1) : « La » magistrature pourra rendre des services électoraux, mais cessera » d'être un appui solide pour les forces vives de la société. En matière » civile, en matière commerciale, elle n'aura plus, dans les petits tri- » bunaux, cette impartialité solide qui faisait l'honneur de la robe et la » sécurité des conventions. Déjà un mal inconnu se glisse dans les af- » faires : les recommandations, les lettres de députés, commencent à. » jouer un rôle dans les calculs des plaideurs ; on suppute les chances, » on pèse les influences. Le barreau assiste à ces intrigues, dont les » premiers pas mal assurés l'effraient. »

Quand, dans un royaume, il y a plus d'avantages à faire sa cour que son devoir, tout est perdu. Cette grande parole de Montesquieu peut

---

(1) Georges Picot, *les Magistrats et la Démocratie.*

trouver surtout son application dans un système qui subordonne toutes les administrations et la solution de la plupart des affaires au bon plaisir d'un député auquel il suffit de plaire pour obtenir de productives faveurs. M. Labitte, l'honorable sénateur qui s'occupe si activement de la nouvelle loi sur la chasse, constatait récemment que la reproduction du gibier diminuait d'année en année, et qu'on arriverait bientôt à sa disparition complète. « Dans nos plaines, autrefois si giboyeuses, poursuit-il, on trouvera prochainement des récoltes ravagées par des myriades d'insectes, car la disparition des petits oiseaux suivra de près celle du gibier. » M. Labitte aurait pu tout aussi justement étendre à la pêche ses remarques plaintives, car sa situation est tout aussi lamentable. Mais on ne remédiera point par d'autres lois à ce fâcheux état de choses. Comme nous le disait mélancoliquement un vieux capitaine de gendarmerie : « Les lois actuelles sont bonnes, elles sont bien suffisantes ; malheureusement, comme la jument de Roland, voilà longtemps qu'elles sont mortes, c'est-à-dire oubliées dans la poussière des circulaires. »

Chaque année, le *Journal officiel* enregistre gravement les statistiques criminelles constatant un mouvement rétrograde dans les délits de chasse et de pêche. C'est la moralité publique qui s'élève ; c'est le respect à la loi qui pénètre dans les masses ! s'écrient gravement les philosophes en chambre. Non. Ce sont simplement les gendarmes qui font moins de procès-verbaux. Les mesures répressives effraient les agents. Elles sont pour eux une source ininterrompue de dénonciations, d'ennuis, d'ordonnances de non-lieu, et, si elles marquent dans leurs états de service, c'est sous forme de déplacements et de reproches pour leur maladresse et leur zèle compromettant. Nous n'avons connu qu'un seul député qui ordonnât aux agents la plus grande sévérité possible ; il est vrai qu'il y ajoutait comme correctif cette joyeuse conclusion : « Plus vous verbaliserez et plus je serai populaire, car plus j'interviendrai pour obtenir des mises au panier, des grâces ou des remises de peines ! » Aussi, on le conçoit, ceux qui sont chargés de faire respecter la loi se sont vite lassés de cette indigne et inutile comédie, et ils se sont hâtés de faciliter, par leur inertie préméditée, cette liberté du fusil et de la chaux qui règne déjà en maîtresse dans le Midi, en attendant qu'elle s'étende aux quelques régions qui, jusqu'ici, ont échappé à la contagion (1).

Pendant ce temps, notre or est drainé au profit de l'étranger. Notre

(1) Voir le *Temps,* 22 avril 1884. *La Vie à la campagne.*

pays, si merveilleusement doué par la nature, achète annuellement —
et le chiffre croît tous les jours — pour 80 millions de gibier et de
poisson à l'Allemagne, dont une législation sévèrement combinée et
plus sévèrement appliquée, facilite, augmente et protège cette produc-
tive exportation d'un nouveau genre. Mais peu importe, MM. les députés auront dans leurs arrondissements quelques amis de plus, et si
la bienveillante protection dont ils couvrent les délinquants ne suffit
pas, ils auront encore la ressource de faire réduire à 5 fr. le prix des
permis de chasse.

En verbalisant, les agents deviennent donc les premiers coupables ;
nous allons voir ce qu'a produit cette situation inouïe, le jour où
l'abus généralisé s'est attaqué aux finances mêmes de la République.

Depuis trois ans, les revenus des contributions indirectes se sont
mis à baisser progressivement et dans des proportione inquiétantes.
Le fait avait vivement ému les pouvoirs publics, car il faisait craindre
un ralentissement de la consommation et une diminution de la richesse
nationale. Les impôts indirects nous avaient fourni, depuis 1870, dans
notre travail de reconstitution et de relèvement, une somme de 9 milliards. Cette source féconde et jusqu'alors inépuisable allait-elle subitement tarir? En présence de tels résultats, l'émotion était donc bien
légitime. Des enquêtes successives, opérées par les divers ministres
des finances, ont révélé la véritable cause du mal : la consommation
n'avait pas diminué, bien au contraire, mais le contrôle avait simplement cessé de fonctionner. Là, comme partout, « l'influence irrespon-
sable » des députés a surgi pour fausser les rouages administratifs.
En matière d'impôts, elle s'est exercée au profit des grands produc-
teurs et de tous les débitants qui alimentaient le fisc. Chaque contri-
buable a trouvé dans le député un défenseur énergique contre le fisc.
Aussitôt le zèle des agents des contributions a été paralysé, au point
de produire cette perturbation considérable dans les finances.

Frauder le Trésor est devenu un métier d'autant plus facile et plus
lucratif que, presque partout, un député s'est constitué gratuitement
l'avocat d'office du voleur. Dans cette lutte inégale, les agents ont été
désavoués, désarmés, et, chose inouïe, punis, et la fraude sur les vins,
les alcools, les bières, les cidres, les sucres a pris aussitôt des proportions formidables. Les procès-verbaux ont baissé de 65.000 (1) en une

<hr>

(1) Léon Say. *Rapport à l'Académie des sciences morales et politiques*, 4 novem-
bre 1883.

année. Plus de procès-verbaux désormais, rien que des fraudeurs couverts par les députés ! A quoi bon, en effet, se donner la peine de faire son devoir, de rechercher minutieusement les fraudes et de verbaliser, quand les procès n'aboutissent pas !

A quoi bon rendre service à la société et gagner honnêtement son traitement, pour arriver à s'entendre dire un jour : « Il paraît que vous » êtes un adversaire de la République, puisque vous faites des procès » aux républicains. Êtes-vous donc fonctionnaire pour traquer les » amis de M. le député, et avez-vous été placé dans ce poste pour lu » susciter des ennuis. A l'avenir, soyez plus prudent et surtout moins » maladroit. »

L'agent se l'est tenu pour dit, et les impôts indirects ont immédiatement baissé de la bagatelle de 80 millions. La France n'est-elle pas assez riche pour se payer la gloire d'entretenir la popularité des aigles que l'arrondissement a couvés dans son nid ?

La fraude est donc devenue systématique ou plutôt de droit commun : témoin l'histoire du vinage. On avait acquis la certitude que le vinage s'exécutait dans le Midi avec des alcools qui fraudaient la régie. On voulait abaisser ces droits pour les alcools employés au vinage, afin de diminuer l'intérêt de la fraude. Qui refuse d'accepter la diminution ? Les bouilleurs eux-mêmes, qui trouvaient que la fraude rapportait plus que la diminution proposée.

Dans cette lutte engagée entre deux intérêts : celui de la République et l'intérêt électoral du député, le dernier mot est donc resté au désordre, à l'arbitraire, à la fraude et au déficit. Les fonctionnaires qui faisaient leur devoir ont été dénoncés et réduits à l'impuissance, et ce sont les malfaiteurs qui ont été protégés ; et c'est au sein d'une démocratie éprise d'égalité et altérée de justice que ces attentats ont été commis ! L'État a augmenté le nombre des fonctionnaires et leurs traitements pour plaire aux députés et faciliter le service ; puis, ces dépenses faites et ces avantages concédés, les fonctionnaires, à la fois plus nombreux et mieux payés, ont reçu l'ordre de se croiser les bras. Et c'est au milieu de cette confusion, de ce conflit de petites passions, de ces contradictions économiques, de cette mêlée d'intérêts sordides, que l'on aborderait les grandes questions de l'égalité des charges financières, de la révision de l'impôt, de la simplification des rouages administratifs. Les questions politiques et d'intérêt général pourraient être discutées de haut et loyalement résolues quand l'intérêt électoral est devenu la base de toute politique, quand la théorie du dégrèvement légal et illégal, réel et fictif, correspond à des dépenses sans cesse accrues? Les solutions pratiques seraient acquises quand le charlatanisme de l'élu se donne libre carrière, et au moment où le favoritisme a tout intérêt à plaire aux électeurs, sans même s'enquérir s'il désorganise les services et facilite l'abaissement de la moralité nationale. Y a-t-il, en effet, un spectacle plus dissolvant que celui de législateurs violant sournoisement la loi qu'eux-mêmes ont faite, et donnant en plus une prime à leurs complices?

En vérité, la plus grande preuve que l'histoire pourra donner de la vitalité prodigieuse de la République, c'est qu'elle ait pu ne pas expirer sous la domination d'assemblées d'arrondissement obéissant à de tels mobiles et généralisant de semblables procédés (1).

Après avoir ainsi saisi le député en flagrant délit d'intervention illégale en des matières aussi graves, aussi capitales, nous est-il nécessaire de le suivre plus longtemps pour signaler tous les faits d'ordre secondaire sur lesquels son action pourrait encore se manifester? Que nous importe maintenant qu'il intervienne dans les questions de réhabilitation, d'autorisation de loteries et de débits de tabac. Puisqu'il a paralysé l'action des ministres et le fonctionnement des impôts, n'est-il pas évident qu'il pourra, plus facilement encore, entraver l'action des conseils d'hygiène et des laboratoires d'analyses? Puisqu'il dispose de tout, n'est-il pas évident que la nomination d'un officier de louveterie, la distribution de médailles de sauvetage et de diplômes d'honneur, l'entrée de ses malades à l'hospice, de ses électeurs dans les établissements thermaux de l'État, de ses boursiers électoraux dans leurs maisons respectives, qu'il s'agisse de fous pour Charenton ou d'officiers pour Saint-Cyr, ne seront que bagatelles pour lui?

N'avons-nous pas établi que les députés nommés pour exercer un mandat politique, un mandat d'intérêt général, l'avaient absolument oublié et sacrifié au milieu de l'encombrement de leurs calculs égoïstes? N'est-il pas évident que la conscience de la politique générale, qui s'impose forcément à une nation, devait fatalement disparaître dans le dédale des questions secondaires, qui seules intéressaient l'ambition du député d'arrondissement et pouvaient seules désormais stimuler son activité.

(1) Il est évident que si, dans une nation, le sentiment de la subordination va s'affaiblissant, sans qu'il y ait compensation du côté de l'empire sur soi-même, il y a danger de dissolution sociale. La France est un exemple de cette vérité.

(Spencer. *La Science sociale.*)

Comme l'écrivait récemment un ancien chef du personnel au ministre de l'intérieur (1), dont la compétence en ces délicates matières ne saurait être suspectée, que devons-nous au scrutin d'arrondissement? « Le goût des querelles personnelles, l'habitude des attaques
» passionnées et l'impuissance législative ne sont-elles pas le fruit na-
» turel d'un système qui, par la force des choses plus encore que par
» la volonté des hommes, substitue les calculs de l'égoïsme et le souci
» des intérêts bornés au culte des idées larges et des préoccupations
» nationales? »

L'impuissance législative! Telle est, en effet, la première conséquence du scrutin d'arrondissement. Voilà le grand fléau des Assemblées qui en sont issues! C'est au moment où le télégraphe multiplie dans d'incroyables proportions les exigences et les difficultés de la politique internationale, au moment où il faut tourner à la fois ses regards vers Berlin, vers Pétersbourg, vers Londres, vers le canal de Suez, vers Tunis, vers Madagascar, vers le Congo, vers le Tonkin, vers Melbourne et vers la Chine; c'est au moment où le monde commercial est un vaste échiquier sur lequel se jouent la fortune et la ruine des peuples rivaux; c'est au moment où il faut, d'un coup d'œil général et rapide, tout embrasser pour tout voir; c'est au moment où la lutte commerciale, industrielle, militaire et coloniale est partout engagée et partout palpitante, qu'on enferme les législateurs dans d'étroites circonscriptions où le clocher leur masque le monde, où leurs forces déjà insuffisantes sont absorbées par des querelles enfantines et des commérages de boutique; en un mot, par des considérations secondaires indignes d'un député et d'un Parlement.

Ces législateurs ainsi entravés deviendront forcément impuissants; par malheur, ils empêcheront aussi les ministres de travailler, et leur impuissance se compliquera de la stérilité des autres. L'instabilité ministérielle a été la conséquence immédiate des exigences multiples et souvent contradictoires de députés qui se montraient hostiles et ne pouvaient supporter un ministère dès que ce ministère manifestait la prétention d'être un gouvernement. Cette prétention a renversé Gambetta, qui, certes, ne désirait et ne voulait pas le pouvoir, mais qui voulait simplement, comme tout homme d'Etat digne de ce nom, le pouvoir d'agir, c'est-à-dire celui de gouverner.

Prenons, par exemple, la question du Tonkin, que M. Ferry a ré-

(1) Granet.

solue et menée à bien, au milieu de tant de difficultés et à travers tant de résistances. N'est-il pas évident que cette question aurait pu, depuis longtemps, être résolue pacifiquement, à peu de frais et sans expédition, si l'Assemblée, dès le début de cette affaire, avait eu l'esprit politique d'écarter de vulgaires querelles pour ne pas oublier le pavillon de la France dans les régions lointaines où il était engagé?

Un journaliste a pris la peine de faire le relevé des divers ministres et agents qui, depuis 1874, ont eu à s'occuper de la question du Tonkin. Voici ce tableau dans l'éloquente confusion de son gâchis :

« Onze changements de ministres à la marine ;

Neuf changements de ministres aux affaires étrangères ;

Sept changements de chargés d'affaires en Chine ;

Cinq changements de gouverneurs en Cochinchine.

En 1875, c'est M. Decaze et M. l'amiral Montaignac qui donnent des ordres au comte de Rochechouart, notre représentant en Chine, et à l'amiral Duperré, gouverneur à Saïgon.

En 1876, c'est l'amiral Fourichon qui, de Paris, dirige le vicomte Brenier de Montmorand à Pékin.

En 1877, défilent à la marine l'amiral Gicquel des Touches, l'amiral Roussin, l'amiral Pothuau, qui, tour à tour, envoient leurs instructions à l'amiral Lafont, gouverneur de Cochinchine.

En cette même année défilent aux affaires étrangères MM. de Banneville et Waddington.

En 1879, nous trouvons au ministère M. de Freycinet et un nouvel ambassadeur en Chine, M. Patenôtre ; à la marine, l'amiral Jauréguiberry et un nouveau gouverneur de la Cochinchine, M. Le Myre de Vilers.

En 1880, on voit M. Barthélemy Saint-Hilaire et l'amiral Cloué à Paris, et, en Chine, M. Bourée.

En 1881, M. Gambetta et le capitaine Gougeard.

En 1882, retour de M. de Freycinet et de l'amiral Jauréguiberry ; puis, arrivée de M. Duclerc.

En 1883, départ de M. Duclerc, — intérim, — puis remplacement par M. Challemel-Lacour, en même temps qu'à la marine l'amiral est remplacé par un ingénieur, M. Charles Brun, auquel succède un amiral, M. Peyron, et que M. Thomson est envoyé en Cochinchine et M. Tricou en Chine.

Enfin, en 1884, arrivée de M. Ferry au ministère des affaires étrangères et départ pour Pékin de M. Patenôtre, ministre plénipotentiaire.

Si bien que la corespondance commencée par un ministre avec un chargé d'affaires se poursuit par la réponse d'un autre chargé d'affaires, réponse arrivant à un autre ministère. »

Le triste relevé que nous venons de citer pourrait être continué, car il s'appliquerait tout aussi bien à la diplomatie mobile, incohérente et désastreuse qui a préparé, en faveur de l'Angleterre, la ruine de l'influence séculaire de la France en Egypte (1).

La politique intérieure ne subira pas moins que la politique extérieure le contre-coup de cette situation, car comment aborder et résoudre tant de problèmes et de réformes au milieu du perpétuel écroulement de ministres ne passant au pouvoir que pour remanier les bureaux, caser quelques amis, vivre de compromis, abroger les mesures prises par le prédécesseur, et tomber au moment précis où ils commencent à travailler et vont agir pour leur compte.

Les députés qui vivent par l'arrondissement, au milieu d'électeurs d'arrondissement, dirigent donc le fonctionnement de la vie parlementaire du sommet de leur étroit personnalisme électoral. Ce personnalisme qui, nous l'avons vu, a facilité la curée des places et des faveurs, ne présidera pas moins aux actes principaux de leur gestion. Ainsi, après avoir dépensé 3 milliards pour les chemins vicinaux, les écoles et les lycées, les députés ont opéré pour 300 millions de dégrèvements. Ce système, comme l'a dit spirituellement M. Tirard, consiste à augmenter chaque année les dépenses en diminuant chaque jour les recettes. Une Chambre nommée au scrutin de liste n'aurait certes pas négligé ces intérêts, mais elle aurait agi différemment, en s'inspirant de ces paroles de M. Gladstone au Parlement : « Trois chôses sont » nécessaires à de bonnes finances : ne pas engager de dépenses sans » avoir de quoi y faire face, amortir pendant la paix la dette nationale » et réduire les dépenses autant que possible. »

Cette politique préconisée en Angleterre, suivie sans relâche aux États-Unis, qui, grâce à elle, ont déjà presque amorti une dette colossale, n'est peut-être pas une politique retentissante et à éclats électotoraux, mais c'est la seule sensée, la seule honnête, la seule féconde, parce que seule elle diminue réellement la dette publique et permet les dégrèvements continus et légitimes qui en sont la conséquence nécessaire. Cette politique ne sacrifie pas aujourd'hui à demain et ne

____

(1) La durée du séjour d'un ambassadeur ottoman, russe ou allemand, à Londres, a été en moyenne de sept ans. Pendant ce temps, la France a trouvé le moyen d'envoyer dix ambassadeurs dans la capitale britannique.

rend pas la génération qui arrive responsable des combinaisons électorales de la veille ; cette politique est une politique terre à terre, une politique de père de famille ; c'est précisément pour ce motif qu'elle est impraticable avec la stratégie au jour le jour qui s'impose à un élu de clocher débordé par des appétits implacables.

Au milieu de députés qui mesurent l'utilité d'une loi à l'effet que cette loi produira dans l'arrondissement, comment l'amortissement, le silencieux et modeste amortissement serait-il devenu le fondement inébranlable de notre budget républicain ? Qu'est-il donc arrivé ? Chacun est monté à la tribune, tantôt avec un projet de dépenses, tantôt avec un projet de dégrèvement. La même contagion de popularité entraînait aussitôt les hésitants, qui, honteux d'avoir été distancés, s'élançaient à leur tour à la tribune pour y surenchérir par des propositions nouvelles. C'est ainsi qu'on a diminué de 80 millions l'impôt sur les vins et les cidres. Quel consommateur en a profité ? Pas un seul. La suppression n'était qu'une réclame électorale, et l'impôt, bien perdu pour l'Etat, s'en est allé, jusqu'au dernier centime, dans la poche des cabaretiers d'arrondissement. C'est ainsi qu'on a décidé, au profit d'une catégorie de citoyens généralement aisés, la gratuité des inscriptions dans les Facultés de l'Etat. C'est ainsi qu'on a réalisé la suppression des impôts sur la chicorée, sur les huiles, sur les savons et les bougies et cent autres encore. Quand la politique des intérêts particuliers s'impose avec cette implacable opiniâtreté, la politique des expédients financiers devient bientôt elle-même inévitable. Il faut alors perdre d'un côté ce que l'on a cru gagner de l'autre, recourir à la conversion et subir la loi des grandes compagnies, jusqu'au moment où les bénéfices de la conversion et des conventions se transforment en simples moyens de trésorerie rapidement épuisés à leur tour. Conclusion : on a fait de mauvaises finances parce qu'on a fait une mauvaise politique d'arrondissement.

N'a-t-on pas vu les mêmes causes aboutir aux mêmes résultats quand il s'est agi de l'élaboration et du vote du fameux plan de M. de Freycinet.

Incontestablement, l'idée était bonne ; elle a été fertile en conséquences fécondes ; mais comment ce plan n'aurait-il pas dévié sous la pression des requêtes locales qui allaient l'assaillir ?

Dans notre civilisation moderne, un nouveau principe domine tout et tend à s'imposer aux gouvernements : l'intérêt général. Comment donc, en présence du plan de M. de Freycinet, aurait agi une Chambre uniquement inspirée par ce mobile supérieur?

Elle aurait constaté le développement de la concurrence universelle et les dangers que cette concurrence suscitait à notre transit par le Gothard, par Anvers, par les canaux belges et les chemins allemands. Elle aurait deviné que, dans la poussée générale vers l'Orient qui entraîne l'Angleterre en Égypte, l'Autriche vers Salonique, la Russie en Asie Mineure, la France vers Tunis et en Afrique, la Méditerranée allait redevenir le nœud central du commerce et peut-être le témoin des luttes de l'avenir. Elle aurait donc porté tous ses efforts vers la grande voie navigable du Nord au Sud, par Marseille, Lyon, Paris et le Nord. Elle aurait résolûment fait donner le premier coup de pioche dans le canal des Deux-Mers, et supprimé Gibraltar en réunissant Bordeaux et l'Océan à la Méditerranée. Elle aurait porté son souci immédiat vers les deux tunnels qui doivent ouvrir les Pyrénées centrales et percer le mont Blanc. Elle aurait, avant tous les autres, creusé et outillé les bassins et les quais de Marseille, du Havre et de Bordeaux, des trois grands ports qui détournent à leur profit les sept dizièmes du commerce maritime. Tout le monde y a certainement songé, mais, en réalité, personne ne s'en est occupé pour faire aboutir le projet. On se souvient encore des luttes fantastiques auxquelles la tribune a servi de plate-forme et auxquelles le ministère n'eut pas la virilité de résister. Chaque député réclamait pour son port, pour son chemin de fer de canton, pour son quai, pour son canal. Les lignes secondaires ont été faites avant les artères principales. Des ports bretons sans trafic, des chemins de fer sans avenir ont englouti des centaines de millions. Pendant ce temps les transatlantiques ne peuvent se mouvoir au Havre; les bassins, les gares maritimes, les quais de Marseille sont insuffisants et encombrés, la plupart des marchandises s'y débarquent encore comme au temps d'Homère, c'est-à-dire à dos de portefaix ; la canalisation du Rhône est incomplète et son trafic naissant menacé par le puissant monopole de la compagnie du Paris-Lyon; la compagnie du Midi achève de tuer le canal de Riquet; la trouée de Canfranc demeure en projet, et le canal du Nord et le tunnel du mont Blanc ou du Simplon sont toujours à l'état de rêve lointain.

L'intérêt commercial et général, l'intérêt de transit international ont donc été submergés sous le flot montant des intérêts locaux d'arrondissement, et sacrifiés comme l'ont été successivement et l'Égypte, et la révision du cadastre, et l'armée coloniale, et les Beaux-Arts eux-mêmes, avec le ridicule budget de 150.000 fr. chichement mesuré au Louvre et aux musées nationaux ; comme ont été sacrifiées cent autres choses auxquelles on n'a pas songé, ou plutôt auxquelles on n'a pensé que lorsque les appétits de clocher étaient repus et lorsqu'il était trop tard pour s'occuper du reste avec efficacité. Avec le scrutin d'arrondissement le canton l'emportera souvent sur la patrie, demain sera toujours le vaincu d'aujourd'hui.

Il faut donc rétablir le scrutin de liste ! Il faut soustraire les mandataires de la nation à l'écœurante tyrannie qui les obsède. Il faut rétablir le scrutin grâce auquel le député ne sera plus à la remorque et à la merci d'une centaine de courtiers électoraux, mais sera soulevé par le flot puissant des cinquante ou soixante mille suffrages qui le porteront à la Chambre.

Notre République, ses adversaires eux-mêmes l'avouent en secret, est aujourd'hui indéracinable. Elle ne pourrait donc mentir à son rôle, être minée et dépérir que par les vices et les abus intimes que les républicains eux-mêmes laisseraient lâchement se développer dans son sein.

Il faut donc à la République, comme à tout gouvernement, plus peut-être qu'à tout autre gouvernement, la stabilité, l'économie, la durée des ministères. Ce programme ne sera jamais possible et jamais réalisé avec un scrutin qui a pour terme inévitable la division des groupes, l'instabilité parlementaire, les dilapidations de clocher, la perpétuelle mendicité des députés d'arrondissement.

Il faut à la République un personnel gouvernemental éprouvé, dans la Chambre comme dans la diplomatie, dans l'administration comme dans l'armée. Ce personnel ne se constituera jamais sous le régime du petit scrutin, avec les bouleversements chroniques du personnel, avec le favoritisme des sous-ordres d'arrondissement obéissant eux-mêmes aux dénonciations des sous-ordres de villages.

Il faut le scrutin par département, qui, seul, permettra d'établir des listes de transaction et de conciliation, réalisant dans le scrutin l'unité morale et politique de la nation, non moins nécessaire que l'unité matérielle de la patrie. Grâce à lui, chacun sera bien forcé de tenir compte de l'opinion du voisin et des exigences de l'intérêt général. Les villes pourront alors, sans rougir, faire un pas en arrière, pendant que les campagnes feront, sans hésitation, un autre pas en avant.

Le mépris de la loi est la principale cause de l'instabilité de nos institutions. Comment la loi serait-elle respectée quand elle n'est plus qu'un instrument docile faussé par la main des partis ?

Il faut une Assemblée personnifiant ce respect de la loi, cet intérêt général et supérieur de la République et de la France, qui lui permettront de résister aux électeurs, en donnant également la même force aux ministres pour s'opposer aux requêtes illégales des députés.

Il faut que la République progresse, qu'elle accomplisse les choses honnêtes et grandes que chacun attend d'elle. Mais ces choses ne seront possibles qu'avec ce respect de la loi, ce renoncement de soi-même, ce culte de la vertu, cette union des citoyens, cette discipline des volontés, sans lesquelles les démocraties ne peuvent vivre, et qui sont incompatibles avec le scrutin de corruption sous lequel, plus que jamais, « l'Etat républicain n'est plus que la grande fiction à travers laquelle chacun veut vivre aux dépens de tous ».

Il faut réaliser l'œuvre interrompue de Gambetta, il faut rétablir le scrutin de liste !

Paris. — Imp. Balitout, Questroy et Cᵉ, 7, rue Baillif.